Eugene Ostashevsky

Auf tritt Morris Imposternak, verfolgt von Ironien

Aus dem Amerikanischen von Uljana Wolf

SuKuLTuR
2010

Schöner Lesen Nummer 94
ein SuKuLTuR-Produkt

1. Auflage Mai 2010

Druck: DDZ-Berlin

SuKuLTuR, Artemisstraße 15, 13469 Berlin
sukultur@satt.org · *www.sukultur.de*

ISBN 978-3-941592-13-1

klimaneutral gedruckt

1.

Was sollen wir mit unserer Banalität
Banalität, unserer Banalität

Was sollen wir mit ihr machen
Am frühen Morgen, am Mittag, am Abend, für immer

Sollen wir sie vielleicht in Poesie verwandeln
Damit Schönheit uns erlösen kann

Oder wollen wir die Koordinaten eintragen
Für unsere kalkulierten, neurotischen Taten

Wie schwierig diese Fragen sind
Wie schwierig unsere Banalität

Was sollen wir mit ihr machen
Machen machen machen

2.

Wenn Morris Imposternak seinen Rundschild wirft
Wie, sagen wir, ein Handtuch in der Schlacht von Phillipi

Wer ahnt da welche Gedichte, welch wahre Aussagen
Dem klebrigen, duftenden Lehm entsteigen?

Wäre Morris ein monistischer Philosoph
Käme prinzipiell Monismus in Frage

Aber es ist schwer, den eigenen Gedanken zu vertrauen
Und Phänomene sind oft so verwirrend…

Und Bücher sind oft so verstörend…
Und irgendwas ist oft so irgendwas.

Also entwickelte Russell seine Typentheorie, um das
Barbier-Paradoxon loszuwerden.
Bloß wen interessiert die Typentheorie – das Barbier-Paradoxon
ist ja viel interessanter!

Oder nimm das Phänomen Liebe:
Er fühlte sich dir so empfindsam zugetan

Dass ich, wenn ich „empfindsam“ schreibe
Seufzen muss: „Armer Morris!“

Weil aber niemand aus wissenschaftlichen Kreisen die Liebe zur
Zufriedenheit aller erklären konnte
Verlieben sich Wissenschaftler oder nicht

Und wissen nie, wenn sie verliebt sind oder nicht
Ob sie verliebt sind oder nicht.

Das ist wahr. Es ist auch wahr
Dass, wo Empfindung ist, Leiden weilt:

Wenn wir sagen, ein Ellbogen ist empfindlich
Heißt das, wir haben ein Aua

Und wenn sich Geld im Englischen mit "legal tender"
Offiziell als empfindsam deklariert

Verursacht es ebenfalls Leiden, allerdings trägt der Profiteur
Meist keine Verantwortung für das Malheur.

Sieh dir das Meer an! Meinst du nicht, auch das Meer leidet
Wenn es bei Ebbe seinen Rock rafft

Und die Krampfadern zeigt, eingewachsene Haare, die Flecken
Auf seinem kalten, blassen, aufgeblähten, hypertonen Bein?

Es ist möglich, dass Ideen nicht leiden –
Die Idee des Leidens, zum Beispiel –

Aber wir sind keine Ideen, oder?
Zumindest Morris Imposternak ist keine

3.

Als Morris Imposternak sich verliebte
In eine Frau, die ihn nicht zurückliebte

Griff er nach einer Geige und sprach:
Erwidere du mein Werben, Geige

Weil du als unbelebtes Objekt nicht anders kannst
Spiel mir vom Kummer, den wir beide leiden, Geige,

Du, weil du nicht lebst
Ich, weil man mich nicht liebt

Wir sind uns ähnlich, du und ich
Wir können die Welt nicht besser machen, nur lauter

Die Geige spielte
Bzw. ihre Saiten stießen die Luft an

Während Morris Imposternak daran dachte
Wie er mit der Frau, die ihn nicht liebte, schlief

Wie er sich trotz allem in ihren Augen vergaß
Bzw. vergaß, dass er Morris Imposternak war

Die Geige spielte
Draußen gruppierten sich Gebäude

Und Passanten passierten mit Figuren, die aussahen wie
russische Лs
Alles Leben ist wirkliches Leben, spielte die Geige

So wurde Morris Imposternaks Kummer
Schließlich vertont

Gesegnet sind die Liebenden
Es gibt so wenige, fast jeder ist einer

Gesegnet sind die Geliebten
Es gibt so wenige, fast jeder ist einer

Schade, dass es zwischen beiden Mengen
Keine eineindeutige Zuordnung gibt

4.

PAYSAGE EN HIVER

Bäume existieren
Um uns daran zu erinnern, dass auch wir Natur sind

Denken wir.
Unsinn:

Bäume existieren
Für sich selbst

Und so existiert
Auch sie: Ausgesetzt

Autonom. Der Hauch
Ihres Atems

Ist keine Brücke. Das Feld
Ihres Schlafes

Ist keine Brücke. Sie ist
Eine Welt aber nicht

Deine Welt. Deine Welt
Ist nicht Deine Welt.

ich kannte die liebe
die ich als ich sie kannte
nicht als liebe erkannte
ich hielt sie für hintergedanken

sie kam und ging – liebe
ohne dass ich erkannte
dass sie die liebe
die sie war war

5.

Morris Imposternak wird seiner Liebe nicht schreiben
Denn das stürzte ihn in folgendes epistemologisches Dilemma:

Ist seine Liebe wirklich Liebe
Oder Selbsttäuschung, die sich durch Täuschung anderer
vergrößern will

Und sei es auch die Liebe
Für die Maschine

Des Körpers, der so anmutig in seiner Unbeholfenheit wohnt
Den schwarzen Lockenschopf über der Scham, ihren trunkenen
Geruch

Die Langgliedrigkeit von Gesten, Nervosität, die rufende
Ungeduld eines „Nu, Yallah!"
Und doch wie ihre Augen die Einsamkeit lindern –

Er wird ganz integer, Profiteur eines Nichtangriffspakts mit sich
selbst
Er wird gesehen –

Was aber nun, da diese Augen einen anderen integrieren
Wärs nicht grausam, dich ihnen weiter aufzudrängen

Verdienen sie nicht eine realistischere Chance aufs Glück
Morris Imposternak wird seiner Liebe nicht schreiben

Denn sie sagte: „Ich bin nur ein weißes Blatt
Auf das du deine Fantasie wirfst"

Wär da Musik gewesen, hätte sie jetzt ihren Höhepunkt erreicht
Aber es gab keine Musik, nirgendwo auf der Welt, keine Musik

Weil auch Musik sich bewusst ist
Was für ein Gesicht sie im Spiegel macht

Gefangen zwischen Ausbeutung und Trivialität
Schreib's dir lieber hinter die Ohren, Morris

6.

Liebe nicht!
Vielleicht ist sowieso nichts wahr

Vielleicht leben wir in einem Wald aus Be-Greifen
Und jeder von uns ist selbst ein Be-Greif, vielleicht

Sage ich nicht, was du denkst, was ich sage
Und hörst du nicht, was du denkst, was du hörst

Sondern wir sägen und heulen auf einem Ast in der Nacht
Drücken Einsamkeit aus und Verlangen nach Mäusen und andrem Getier.

Liebe nicht!
Denn wenn du einen Menschen öffnest

Findest du bloß acht Meter Darm
Und wie lieblich ist das?

Ein Körper zu sein, ist befremlich und beleidigend
Mit der Zeit schrumpft er wie ein luftarmer Ballon

Wenn du wirklich was umarmen willst, das oben ißt und unten scheißt
Warum nur Menschen, warum Gefühle nicht auf Kühe richten?

Liebe nicht!
Denn die Liebe wird scheitern

Und wenn sie nicht scheitert, scheitert sie trotzdem
Weil einer zuerst sterben muss

Wozu ist irgendwas gut, wenn alles ein Ende hat?
Die Welt ist wie

Das Gefidel eines tauben Musikanten in einem leeren Raum
Der aufhört, sich verbeugt (vor wem?) und leise geht.

Und dann ist es still.
Wie unterscheidet sich die Stille danach von der Stille dabei?

7.

Der Ritter des Schwans
Kämpfte gegen den Ritter der Spiegel

Morris Imposternak flog über beide hinweg
Wie ein pustender Dämon

Es gab die Sonne und den Mond
Und die Sterne gab es auch

Lebendige Eichen repräsentierten sorgfältig das Konzept Baum
Flinke Erdferkel zwischen ihren dunklen Wurzeln standen für Wildnis

Was sagten die Ritter
Ich weiß nicht, ob sie irgendwas sagten

Es ist so schwer, irgendwas zu sagen
Weil man gerne hätte, dass es wahr ist, aber was ist heute schon wahr

Der Ritter des Schwans hatte einhundert Zähne
Die meisten davon Fänge

Oder vielleicht siebenhundert Zähne
Jedenfalls ne Menge

Der Ritter der Spiegel war sehr reflektiert
Schließlich sprachen die Erdferkel

Was haben sie gesagt, gesagt
Hatten sie nen guten Tag

Morris Imposternak verstand nichts
Weil er an etwas anderes dachte

Die Sonne schien, der Mond schien
Die Sterne schienen

Die Ritter kämpften
Verschwitzt und unzusammenhängend in ihren Rüstungen

Lebendige Eichen verschwanden hinter dem Konzept Baum
Flinke Erdferkel zwischen ihren dunklen Wurzeln wurden zu
Wildnis

Morris Imposternak ward nicht erleuchtet.

8.

Lasst uns eine Frage stellen: Wo warst du
Morris Imposternak? Wen hast du wieder

Belogen und wann? In welchen Armen, Beinen
Dachtest du an

Welche Arme, Beine? Wenn eine Aussage
Paradox war, spielt es eine Rolle –

Was ist eine Aussage ohne Paradox?
Wenn es eine Liebe gab, die's nicht mehr gibt

Spielt es eine Rolle –
Es gibt so viele Dinge, die's nicht mehr gibt.

Wieviele Philosophen braucht man
Um irgendwas, egal wie winzig, zu beweisen?

Wir wissen die Antwort auf diese Frage nicht
Und auch auf sonst keine Frage.

Es könnte sein, dass wir lebendig sind oder glücklich
Dass unser Gefühl von Unglücklichsein objektiv falsch ist

Oder es könnte sein, dass unsere Affekte Türen sind
Hinter Türen hinter Türen hinter Türen und so ad infinitum.

Wie können wir irgendwas irgendwo
Zu irgendjemandem sagen?

Morris Imposternak will sprechen, hat einen Frosch im Hals
Und rennt aufs Klo.

Lebwohl Poesie, lebwohl bildende Kunst, lebwohl Musik
Lebwohl Selbes und Verschiedenes, Wirklichkeit und Ideal.

Wenn das eine Frage wäre, wüssten wir die Antwort nicht
Obwohl sie sehr winzig wäre.

9.

Morris Imposternak hört Musik.
Was sagt sie, Musik

Abstrakteste und emotionalste aller Künste?
Ist es nicht komisch, dass die Künste noch da sind?

Ist es nicht komisch, dass wir Volumen haben und Tiefe
Dass wir uns nicht von innen nach außen krempeln

Und auf der Oberfläche anordnen können
Dass wir nicht ausschließlich dekorativ sind?

Berühre deine Hand mit deiner Hand:
Was ist dir dieses Dasein?

Du hörst Musik
Aber wo ist sie?

Was sollen wir mit diesen Fragen machen, machen?
Die Fragen sind da, aber die Antworten nicht.

Manchmal sieht's so aus, als ob ein *paar* Antworten da wären
Dann kommt man näher und sieht, es sind auch nur Fragen

Musik, wo bist du und was ist deine Frage?
Tisch was ist deine Frage? Tasse

Was ist deine Frage? Hand was ist
Deine Frage? Wortkombination was ist deine

Frage? Frage
Was ist deine Frage?

Vielleicht gibt's gar keine Fragen
Vielleicht gibt's nur Positionen.

Du, meine Seele, schläfst in einem riesigen Zimmer
– duftende Blumen drängen sich

Vor deinen Fenstern – eben geht Morris Imposternak
Vorbei und hört mit gebrochenem Herzen Musik.

10.

Eine Philosophengesellschaft kam die Höhe hinab
Mit Pfeife, Lyra, Maultrommel und einer Pauke

Ich sprach zu ihnen: Philosophen
Was nützen eure Worte, was nützt irgendwas?

Verzerrt und zuckend war mein Interface
Mit Lippe, Kinn, Nasenloch und einem Auge

Jede meiner Taten
War eine feige Tat

Und die Vögel ringsum in den Büschen
Sangen betäubend

Nie wieder Poesie
Nie wieder Po-eh-sie!

11.

Nachdem die Poesie aufgehört hatte
Und die Welt nur noch aus unbelebten Strukturen bestand

Ein unfertiges weil unterfinanziertes Gebäude
Mitten im Müll und den Stimmen

Von Narren und Mördern auf der Jagd nach Gott
(Heißt zu wissen, wie man liebt

Auch zu wissen, wie man aufhört?)
Entschloss sich Morris Imposternak

Weil ihm Sprache
Als Ausdruck von Machtkämpfen und dem zivilen

Kannibalismus des Sozialen
Nichts mehr bedeutete

Seine Arbeit an der Dichtung
Ebenfalls einzustellen

Wie schade! Wär vielleicht ein annehmbares Gedicht geworden …

> Doch was hätte es sagen können? Man muss schon ein Profi sein, um eine wahre Aussage zu treffen. Ach, und ein Gedicht zu schreiben ohne wahre Aussage ist, als würden die Arme in Schwimmbewegungen kreisen, während die Füße noch am Fliesenboden des Beckens kleben!

12.

In einem für seine Einfachheit bekanntem Universum
Das alles in allem aus P und ¬P bestand

Lebte ein Philosoph, der jetzt ein Maler war
Er malte Porträts von Philosophen

Und hielt sie alle beim Denken fest
Wie arme Essgestörte vor dem Kühlschrank

Vorbei am Haus des Malers floss ein Fluß mit Worten
Die sich sehr poetisch verbanden und entwanden

Und manchmal glaubte man, seine Sprache zu verstehen
Obwohl sie total zufällig war, und manchmal nicht

Die Sonne ging auf und unter
Und manchmal anders herum

Die Jahreszeiten folgten einander: Winter Frühling Sommer Herbst
Und manchmal anders herum

Jeden Samstag kam ein Philosoph vorbei, der jetzt ein Geiger war
Und eine Sonate spielte, immer dieselbe, in drei Sätzen

Erster Satz: Liebe
Zweiter Satz: Liebe und Verlust
Dritter Satz: Bloß Verlust

Der New Yorker Dichter **Eugene Ostashevsky** wurde 1968 in Leningrad geboren. In seinen Gedichtbänden *Iterature* (2005) und *The Life and Opinions of DJ Spinoza* (2008), sowie dem Chapbook *Enter Morris Imposternak, Pursued by Ironies* (2008; alle Ugly Duckling Presse, New York) lässt er u.a. einen MC Squared, einen Peepeesaurus, einen Begriffon und einen DJ Spinoza aufeinander los, um die Sackgassen axiomatischer Systeme mit der Leichtigkeit und dem Humor von Zeichentrickfilmen zu ergründen. Seine Gedichte sind voller dissonanter Rhythmen, dröhnender Reime, multilingualer Sprachspiele und zeigen ein gesundes Interesse an Mathematik. Als Übersetzer und Herausgeber veröffentlichte Ostashevsky die erste englischsprachige Anthologie der russischen avantgardistischen Gruppe OBERIU, die in den 1920er und 30er Jahren von Aleksandr Vvedenskij und Daniil Charms angeführt wurde. Seine Dissertation schrieb er über die Geschichte der Ziffer Null. Er lehrt Literatur an der New York University.

Uljana Wolf lebt als Lyrikerin und Übersetzerin in Berlin und Brooklyn. Sie veröffentlichte die Gedichtbände »kochanie ich habe brot gekauft« und »falsche freunde« und war Mitherausgeberin des »Jahrbuchs für Lyrik«, S. Fischer 2009. Zahlreiche Stipendien und Preise, u.a. Peter-Huchel-Preis 2006 und Dresdner Lyrikpreis 2006.

Schnipp mit!

Zehn Sammelschnipps ausschneiden
und per Post
an

SuKuLTuR
Artemisstraße 15
13469 Berlin

Schon bald kommt eine Leseheft-Rarität,
die nicht im Automaten oder im
Buchhandel erhältlich ist. Auf
Wunsch gibt es auch eine
Ausgabe eines anderen
lieferbaren
Leseheftes.
Bitte
den
Absender nicht vergessen!
Viel Spaß beim Lesen und Sammeln wünscht

alle3

Schnipp Schöner Lesen Sammelschnipp 7